Ilios Kotsou

Das kleine Übungsheft

Emotionale Intelligenz

**Aus dem Französischen
von Claudia Seele-Nyima**

Illustrationen von Jean Augagneur

TRINITY

Über den Autor
Ilios Kotsou ist seit über zehn Jahren als Coach und Trainer tätig und forscht heute als Psychologe an der Universität von Louvain. Er ist Autor mehrerer Bücher zum Thema emotionale Intelligenz.
Neben der psychologischen Grundlagenforschung gilt sein Interesse vor allem neuartigen Konzepten wie der Achtsamkeitstherapie oder den Methoden der Palo-Alto-Gruppe.

Die Originalausgabe ist erstmals 2011
bei Editions Jouvence erschienen.
Titel der französischen Originalausgabe:
Petit cahier d'excercices d'intelligence émotionnelle
© Edition Jouvence, S.A., Chemin du Guillon 20,
Case 184, CH-1233 Bernex.
www.editions-jouvence.de,
info@editions-jouvence.de

4. überarbeitete Auflage 2018
© der deutschen Ausgabe: 2012
Trinity Verlag in der Scorpio Verlag GmbH & Co. KG,
Berlin · München
Umschlaggestaltung: Guter Punkt, München
Satz: BuchHaus Robert Gigler, München
Druck und Bindung: Pustet, Regensburg
ISBN 978-3-941837-50-8

> *»Die Emotion ist jener Moment, wo der Stahl auf den Stein trifft und ein Funke herausgeschlagen wird: Emotion ist nämlich die Hauptquelle aller Bewusstwerdung.«*
>
> Carl Gustav Jung

Einleitung

Freude, Angst, Zorn, Traurigkeit, Überraschung, Dankbarkeit, Entzücken ...: All diese Gefühle haben ihren Platz in unserem Leben. Im Alltag wie auch in der Literatur werden sie häufig in zwei Kategorien eingeteilt: gute oder schlechte, nützliche oder nutzlose, wünschenswerte oder solche, auf die wir lieber verzichten möchten. Bei dieser Einteilung handelt es sich jedoch um einen großen, bedauerlichen Irrtum! Alle Gefühle sind nützlich.

HINTER DER TRAURIG-KEIT BIEGEN SIE LINKS AB ZUM ZORN, DANN SOFORT RECHTS IN DIE STRASSE DES MITGEFÜHLS.

Was wäre unser Leben ohne diese unschätzbar wertvollen Lotsen, diese GPS-Geräte aus einer anderen Zeit? Bestimmte Auswirkungen unserer Emotionen auf uns oder andere hingegen können als negativ bezeichnet werden. Das durch die Emotionen erzeugte Verhalten ist negativ, nicht die Gefühle selbst.

3

Wie Sie im weiteren Verlauf dieses Übungshefts noch sehen werden, tragen Gefühle zu einem klareren Urteilsvermögen bei; sie stärken unser Immunsystem, schützen uns vor Risiken und sorgen dafür, dass wir die richtigen Entscheidungen treffen. Sie können aber auch zu Stresszuständen und Konflikten führen, psychisches oder körperliches Leid verursachen.

Emotionen wirken im Wesentlichen auf drei Ebenen: auf der Ebene unserer Gedanken, der unseres Verhaltens und der unserer sozialen Beziehungen.

Die Übungen zum guten Umgang mit unseren Gefühlen zielen nicht darauf ab, dass wir unsere Gedanken kontrollieren oder bestimmte Gefühle zugunsten anderer unterdrücken. Emotionale Intelligenz besteht darin, besser mit den eigenen Emotionen und denen der anderen leben zu können. Sie lädt uns ein, die Beziehung zu unseren Gefühlen zu ändern und so unseren Weg durchs Leben harmonischer, erfüllter und sinnvoller zu machen.

Woher kommen Emotionen?

Gefühle spielten bei der Evolution und Anpassung der Spezies Mensch an ihre Umwelt eine wichtige Rolle. Seit grauer Vorzeit halfen Emotionen unseren Vorfahren, für die sie als Signal fungierten, sich den Herausforderungen ihrer Umgebung zu stellen.

Als Urenkel der Höhlenmenschen brauchen wir Gefühle immer noch ebenso sehr wie sie, um unser Leben in die richtigen Bahnen zu lenken und seinen Sinn zu finden. Zwar stehen wir nicht mehr sehr häufig Auge in Auge einem gefährlichen Tiger gegenüber, doch wenn Gefahr droht, sind die Reaktionen unseres Körpers nach wie vor dieselben: Unser Herzschlag beschleunigt sich, bestimmte Muskeln spannen sich an, unser Gesichtsausdruck ändert sich, wir wollen flüchten. In einer anderen Situation weist uns Zorn auf Hindernisse hin, die wir überwinden oder gegen die wir angehen müssen.

Darüber hinaus beeinflussen Emotionen unsere Aufmerksamkeit und Sicht der Dinge, sowohl im wörtlichen als auch im übertragenen Sinne. In einer gefährlichen Situation konzentriert sich die Aufmerksamkeit auf das, was eine Bedrohung für uns sein könnte – mitunter so sehr, dass wir nichts anderes mehr sehen und wie gelähmt sind.

Umgekehrt kennen wir alle das Gefühl, wie auf Wolken zu schweben, das Leben durch eine rosarote Brille zu sehen, wenn wir von Freude überwältigt oder von Liebe erfüllt sind.

5

Schließlich benötigen wir Emotionen auch, um mit anderen zu kommunizieren, mitunter ohne dass wir es merken: durch das, was man als nonverbale Gefühlsäußerungen bezeichnet.

Was ist eine Emotion?

Der Begriff »Emotion« kommt vom lateinischen **exmovere** oder emovere, was »herausbewegen« oder »in Bewegung versetzen« bedeutet. Im weiteren Sinn bezeichnet »Emotion« das, was uns äußerlich wie innerlich in Bewegung versetzt. Es handelt sich um eine physische Manifestation, die mit  dem Wahrnehmen eines Ereignisses in der Umgebung (außen) oder in unserem mentalen Raum (innen) verknüpft ist. In jeder Mikrosekunde empfängt unser Gehirn Milliarden Informationen, die sich auf die Wahrnehmung, Verarbeitung und Regulierung  von Emotionen beziehen. Diese Informationen beeinflussen wiederum andere psychische Phänomene, wie die Aufmerksamkeit, die Erinnerung oder die Sprache (verbal und nonverbal).

Die subjektive Erfahrung, die man Gefühl nennt und im allgemeinen Sprachgebrauch mit den Worten »ich habe Angst« äußert, ist eigentlich aus mehreren Bestandteilen zusammengesetzt: einer Dosis physiologischer Veränderungen (beschleunigter Herzschlag), einer Prise Empfindungen (angespannter Bauch …), einer Portion Neigungen (»ich würde am liebsten fliehen«), das Ganze gekrönt von Gedanken (»das schaffe ich nicht«).

Wissenschaftler haben bestimmte Emotionen ermittelt, die als Grundgefühle, Basisemotionen oder Primäremotionen bezeichnet werden und von denen alle anderen Gefühle abgeleitet sind. In den 1970er-Jahren stellte der amerikanische Psychologe Paul Ekman die Emotionen entsprechend ihrer Wirkung auf die Gesichtsmuskeln zusammen. Seine Forschungen mündetenn in einer Liste von sechs Basisemotionen. Ihm zufolge sind diese Basisemotionen kulturübergreifend bei allen Menschen vorhanden und anhand charakteristischer Gesichtsausdrücke, die eine Art Sprache der Gefühle bilden, universell erkennbar. Diese Primäremotionen funktionieren wie automatische Auslöseprogramme, die uns helfen, auf die Veränderungen in unserer Umwelt zu reagieren und uns darauf einzustellen. Das, was die Gefühle auslöst, ist dagegen nicht überall auf der Welt gleich, sondern unterscheidet sich je nach Kultur, Kontext und Individuum.

Die sechs von Ekman definierten Grundgefühle sind *Wut, Furcht, Ekel, Freude, Traurigkeit und Überraschung*. Es ist interessant, diese Liste mit der zu vergleichen, die Descartes bereits vor über dreihundert Jahren erstellt hatte. In »Die Leidenschaften der Seele« (1649) listet Descartes sechs Grundgefühle auf: Bewunderung (was der Überraschung entspricht), Liebe, Hass, Verlangen, Freude und Traurigkeit.

Übung: Meine Gefühlsliste

Vielleicht haben Sie schon einmal Wiedergabelisten mit Ihren Lieblingsmusiktiteln (traurige, fröhliche, beschwingte …) zusammengestellt. Stellen Sie hier nun eine Liste der Gefühle zusammen, die in Ihrem Leben am häufigsten auftreten:

1.

2.

3.

4.

5.

6.

Nehmen Sie nun die Liste von Paul Ekman und vergleichen Sie sie mit Ihrer. Entdecken Sie ähnliche Gefühle?

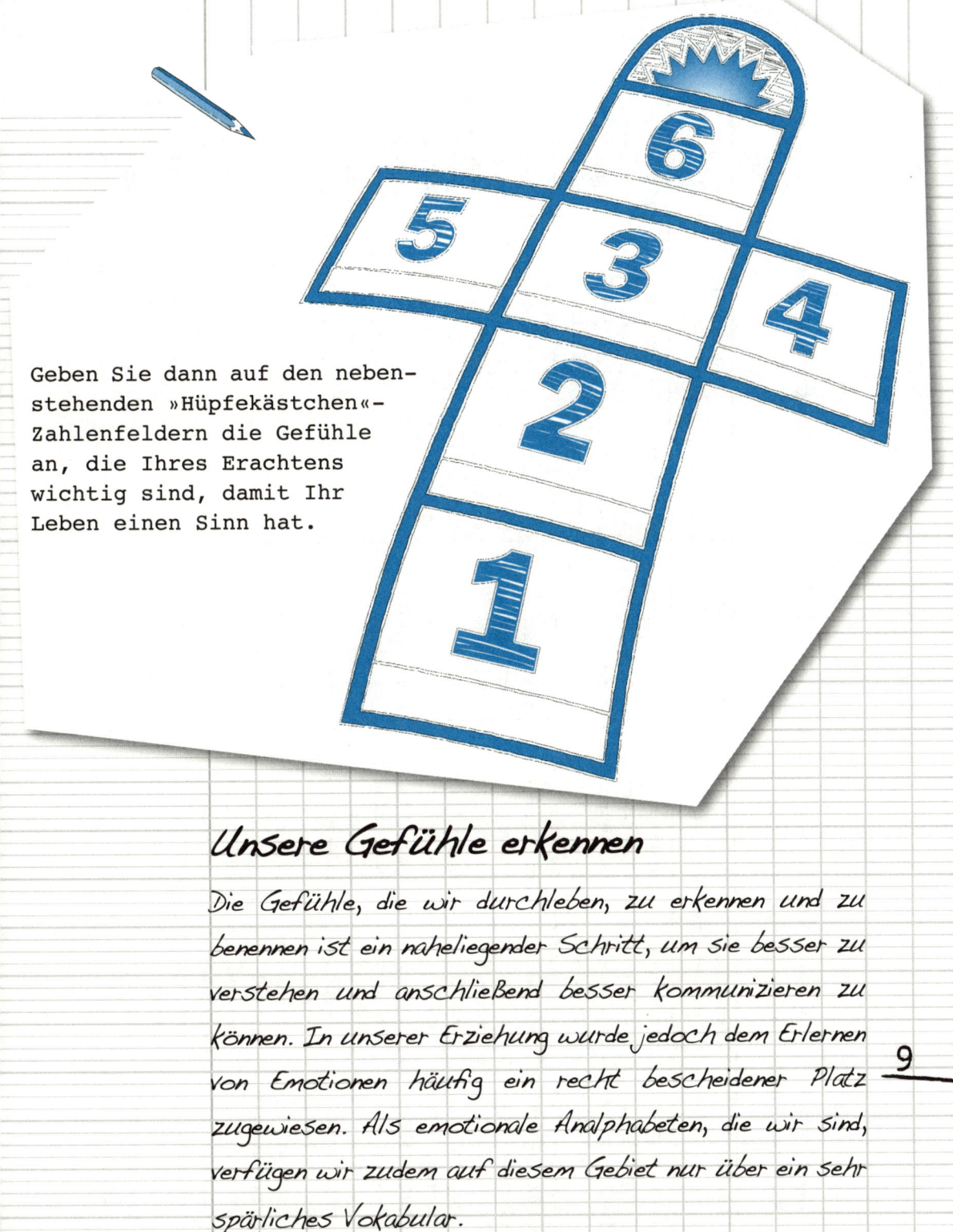

Geben Sie dann auf den nebenstehenden »Hüpfekästchen«-
Zahlenfeldern die Gefühle
an, die Ihres Erachtens
wichtig sind, damit Ihr
Leben einen Sinn hat.

Unsere Gefühle erkennen

Die Gefühle, die wir durchleben, zu erkennen und zu
benennen ist ein naheliegender Schritt, um sie besser zu
verstehen und anschließend besser kommunizieren zu
können. In unserer Erziehung wurde jedoch dem Erlernen
von Emotionen häufig ein recht bescheidener Platz
zugewiesen. Als emotionale Analphabeten, die wir sind,
verfügen wir zudem auf diesem Gebiet nur über ein sehr
spärliches Vokabular.

9

Hier eine Liste mit Gefühlen, die die Vielfalt unserer Emotionen zeigt – sie erhebt keinen Anspruch auf Vollständigkeit.

Freude	Freude (Fortsetzung)	Wut	Traurigkeit	Ekel	Überraschung	Furcht
amüsiert	harmonisch	angespannt	am Boden zer-stört	abgestoßen	aus der Fassung	alarmbereit
angeregt	heiter	ärgerlich	aufgelöst	angeekelt	baff	angsterfüllt
aufgedreht	heiter-	aufgebracht	aufgewühlt	angewidert	beeindruckt	ängstlich
aufgekratzt	gelassen	außer sich	bedrückt	desillusio-niert	belämmert	auf der Hut
ausgelassen	hingerissen	empört	bekümmert	entsetzt	benommen	aus dem Gleichgewicht
befriedigt	hocherfreut	entnervt	bestürzt	ernüchtert	betroffen	aus dem Kon-zept gebracht
begeistert	in Ekstase	erbost	betroffen	gekränkt	desorien-tiert	befangen
behaglich	lebendig	erzürnt	betrübt	überdrüssig	durcheinan-der	beklommen
belebt	lebhaft	frustriert	deprimiert	verbittert	entgeistert	besorgt
beschwingt	lustig	genervt	desillusio-niert		erstaunt	beunruhigt
bezaubert	munter	gereizt	düster		es hat einem den Atem verschlagen	eingeschüch-tert
enthusias-tisch	neu belebt	hasserfüllt	ergriffen		fassungslos	entsetzt
entspannt	sorglos	nervös	ernüchtert		hellhörig geworden	erschreckt
entzückt	sprachlos	rasend vor Wut	erschüttert		hin und weg	furchtsam
erfreut	vor Freude	schlecht gelaunt	griesgrämig		konfus	gelähmt vor Angst
erwartungs-froh	strahlend	unzufrieden	hoffnungslos		konsterniert	hilflos
euphorisch	übermütig	verärgert	leiderfüllt		mitgerissen	in Panik
exaltiert	überwältigt	wütend	melancholisch			kopflos
fidel	vergnügt	zornig	niedergeschla-gen			ohnmächtig
freudestrah-lend	verrückt					
	verspielt					
	voller Elan					

freudig erregt froh fröhlich gefesselt gerührt glücklich glückselig gut aufgelegt gut gelaunt	wieder auf- gemuntert zufrieden zuversicht- lich		niederge- schmettert nostalgisch schweigsam sorgenvoll traurig trübsinnig unglücklich untröstlich verdrießlich weinerlich zerrissen	perplex platt sprachlos stutzig überwältigt umgehauen verblüfft verdattert verdutzt verstört verwirrt vom Hocker gehauen vor den Kopf geschlagen	scheu schockiert verängstigt verschüchtert verstört verunsichert vor Angst schlotternd wachsam zaghaft

11

Betrachten Sie die Tabelle einige Minuten lang und lesen Sie sich jedes Gefühl laut vor: Spüren Sie beim Vorlesen des einen oder anderen Begriffs etwas in Ihrem Körper? Wenn ja, beschreiben Sie, was in Ihnen vorgeht. Vielleicht erinnern Sie sich an eine bestimmte glückliche oder unglückliche Situation?

....

....

....

....

....

....

....

....

Betrachten Sie anschließend jede Spalte. Was stellen Sie in Bezug auf die Zahl der Einträge fest?
Wenn Sie wollen, können Sie der Liste auch Begriffe hinzufügen. Sie können auch ganz neue erfinden!

....

....

....

....

....

Nehmen Sie sich hin und wieder Zeit, innezuhalten und sich zu fragen, was Sie fühlen. Tragen Sie dann in das folgende Feld Ihr augenblickliches Gefühl ein, auch wenn es nur schwach ausgeprägt ist.

Mein momentanes Gefühl: ....

Unsere Gefühle besser kennenlernen – warum überhaupt?

Wissenschaftliche Forschungen haben gezeigt, dass Gefühle, mit denen wir nicht umgehen können, sich sowohl auf das geistige Wohlbefinden (Risiko von Angstzuständen, Depressionen ...) als auch auf die körperliche Gesundheit negativ auswirken können. Eine im Jahr 2009 durchgeführte Meta-Analyse des University College London bestätigte, dass ein Zusammenhang zwischen unverarbeiteten Zorngefühlen und Herzinfarkt besteht.

Einzelergebnisse der Untersuchung weisen darauf hin, dass Menschen, die gut mit ihren Gefühlen umgehen können, eine höhere Wahrscheinlichkeit haben, gesund zu bleiben, lange zu leben und bereichernde soziale Beziehungen einzugehen.

13

Wie der Autopilot unsere Gefühle beeinflusst

In einem Flugzeug löst der Autopilot Mechanismen aus, die für den einwandfreien Flugablauf unerlässlich sind – ganz ohne Intervention der Besatzung.

Schreiben Sie Ihre fünf Erfahrungen mit dem Autopiloten in die Wolken:

In unserem Alltag greifen wir regelmäßig auf diese Funktion zurück. Wer hat nicht schon einmal bei einer Fahrt überrascht festgestellt, dass er am Ziel angekommen war, ohne bewusst an den Weg gedacht zu haben (»das Auto fährt von ganz allein«)? Wie oft haben wir schon Dinge ganz automatisch getan oder gesagt (oder, im Gegenteil, nicht getan und gesagt)?

Wenn unsere Gedanken und Verhaltensweisen automatisch ablaufen, agieren wir (essen, ans Telefon gehen, fahren ...), ohne bewusst wahrzunehmen, was wir gerade tun. Automatisches Funktionieren hat viele Vorteile. Erstens die schnelle Ausführung. Wenn wir heutzutage einem Raser begegnen, kommt es auf Sekunden an ... – genau wie wenn unsere Vorfahren sich plötzlich einem Mammut gegenübersahen. Der Automatikmodus ermöglicht es uns auch, mehrere Dinge gleichzeitig zu tun, die vielen Details komplexer Prozesse, wie zum Beispiel Rad- oder Autofahren, im Kopf zu behalten und zu koordinieren.

Der „Automatikbetrieb" bringt jedoch auch Nachteile mit sich. Denken Sie nur daran, wie es ist, mit dem falschen Fuß aufzustehen und automatisch zu Gefühlen, Beurteilungen, ja sogar Verhaltensweisen verleitet zu werden, die für Sie selbst und für andere negativ sind.

Beispiel: Eine Ihrer Kolleginnen pflegt spitze Bemerkungen 15 zu machen, wenn Sie später als sie im Büro ankommen. Obwohl Sie wissen, dass Sie sich nichts vorzuwerfen brauchen, da Sie diese Situation mit Ihrem Vorgesetzten abgeklärt haben, können Sie nicht anders: Sie ärgern sich. Der Gedanke daran regt Sie schon auf, bevor Sie überhaupt im Büro ankommen, versetzt Sie in schlechte Laune und beeinflusst Ihre Beziehung zu der Kollegin erheblich: Sie wünschen ihr nur kurz angebunden Guten Morgen und gehen ihr in der Mittagspause möglichst aus dem Weg. Um ehrlich zu sein, Sie erinnern sich noch nicht einmal mehr daran, ob sie an diesem Tag überhaupt eine Bemerkung fallengelassen hat oder nicht. Der Autopilot bringt uns dazu, alte Gewohnheiten zu wiederholen, die nicht immer nützlich sind. Manche von uns reagieren auf Stress aggressiv, andere wiederum schotten sich vor der Kommunikation mit den Menschen ab, die ihnen nahestehen. Durch diese Art und Weise des automatischen Funktionierens büßen wir die Freiheit ein, uns für ein Verhalten zu entscheiden, das als Reaktion auf die Situation angemessen ist.

Übung: Rufen Sie sich fünf Erfahrungen des vergangenen Monats in Erinnerung, bei denen Sie den Autopiloten eingeschaltet hatten.

1. Ich lese ein Buch (vielleicht dieses Heft!) und beim Umblättern der Seite merke ich, dass ich keine Ahnung habe, was ich gerade gelesen habe.

2. ....

3. ....

4. ....

5. ....

Kreisen Sie die Erfahrungen grün ein, bei denen Sie ein solches Funktionieren für sinnvoll halten. Kreisen Sie die Erfahrungen, die Sie als störend oder unangemessen einschätzen, rot ein.

Machen Sie dieselbe Übung für die Erfahrungen, die Sie in Ihrem Austausch mit Vertrauten und Angehörigen beim Hören oder Sehen einer Sendung erlebt haben …

1. Ich spreche gerade mit einem Freund über eine etwas schwierige Situation bei meiner Arbeit. Obwohl er mir zuzuhören scheint, kann er es nicht lassen, gleichzeitig die SMS zu beantworten, die er auf seinem Handy erhalten hat.

2. ....

3. ....

4. ....

5. ....

Die verschiedenen Facetten von Emotionen

Unsere Emotionen sind mit *Empfindungen, Neigungen* und *Gedanken* verknüpft. Da wir nicht wirklich gelernt haben, unseren inneren Zustand differenziert wahrzunehmen, empfinden wir ihn eher als großes Wirrwarr. Nun ist es interessant, unsere inneren Befindlichkeiten vorurteilsfrei zu betrachten, damit wir ihre verschiedenen Facetten unterscheiden können.

Diese Etappe des Beschreibens ist das beste Mittel, um dem Autopiloten entgegenzuwirken.

Übung: Mein Gefühl beschreiben

Denken Sie wieder an ein Gefühl, das Sie vor Kurzem hatten. Benennen Sie es mithilfe der Tabelle auf Seite 10/11. Erinnern Sie sich dann an den Kontext oder die Situation, die das Gefühl ausgelöst hatte.
- Welche Empfindungen haben Sie wahrgenommen?
- Haben Sie an etwas gedacht (dass die Emotion störend war, dass sie verschwinden solle, dass sie Ihnen wohltat, dass sie ewig andauern möge)?
- Hat diese Emotion eine Neigung zu einem bestimmten Handeln oder Verhalten hervorgerufen?
- Hat sie sich in Ihrem Gesicht ausgedrückt? Wenn ja, wie?

Füllen Sie die Zeilen neben der Zeichnung auf der nächsten Seite aus. So könnten Ihre Sätze beispielsweise aussehen:

Empfindungen
Bsp.: Ich spüre ein Gewicht, das auf meiner Brust lastet.

Gedanken
Bsp.: Ich sage mir, dass ich es nie schaffen werde.

Neigungen
Bsp.: Ich würde das Projekt gerne aufgeben.

Gesichtsausdruck
Bsp.: Ich spüre, dass mein Kiefer verkrampft ist.

Gefühl
Bsp.: Ich merke, dass ich Angst habe.

18

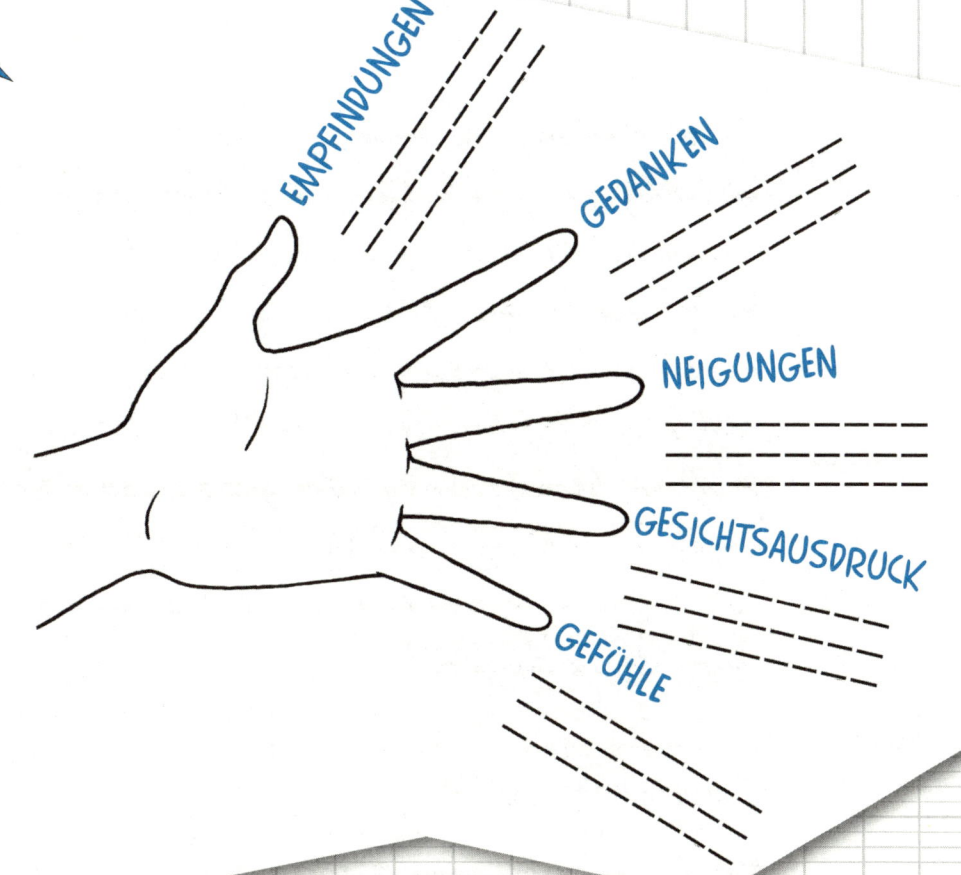

EMPFINDUNGEN

GEDANKEN

NEIGUNGEN

GESICHTSAUSDRUCK

GEFÜHLE

Emotion und Reaktion

Von unseren Vorfahren haben wir ein sehr effektives Alarm- und Schutzsystem geerbt. Angesichts einer Gefahr (oder der Wahrnehmung einer Gefahr) reagierten unsere Vorfahren entweder mit Angriff, Flucht oder indem sie sich totstellten. Diese drei Verhaltensmuster gegenüber Gefühlen haben sich bis heute nicht geändert.

Wir versuchen das, was uns unangenehm ist oder uns Leid zufügt, so weit wie möglich zu meiden, und laufen Dingen hinterher, die uns positiv erscheinen.

Es ist allerdings eine wenig effektive Option, Gefühlen aus dem Weg gehen zu wollen. Ein äußeres Ereignis kann man meiden, kontrollieren oder davor fliehen (z. B. vor einem Tiger, einem unangenehmen Menschen etc.), aber es ist unmöglich, inneren Ereignissen, wie Gedanken oder Gefühlen, aus dem Weg zu gehen. Die vermeintliche Lösung wird zum Problem: Untersuchungen haben gezeigt, dass das Meiden von Emotionen nicht nur ineffektiv ist, sondern unter anderem die paradoxe Wirkung haben kann, unser Unbehagen mittel- oder langfristig zu steigern.

Zeitachsenübung

Rufen Sie sich eine Situation oder ein Gefühl in Erinnerung, dem Sie sich entziehen wollten.

Geben Sie auf der Zeitachse die kurz- und langfristigen Auswirkungen dieses Vermeidungsmechanismus an.

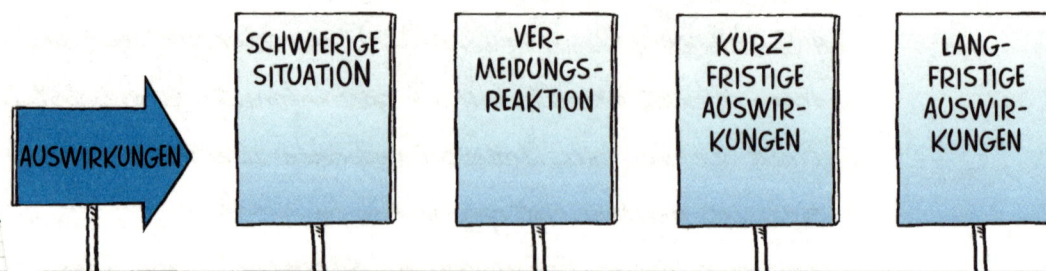

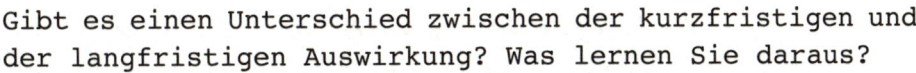

Gibt es einen Unterschied zwischen der kurzfristigen und der langfristigen Auswirkung? Was lernen Sie daraus?

Beispiel:

Schwierige Situation	Vermeidungsreaktion	Kurzfristige Auswirkung	Langfristige Auswirkung
Ich spüre, dass ich sehr unzufrieden mit der Beziehung zwischen meinem Mann/meiner Frau und mir bin.	Ich will nicht darüber sprechen. Jedes Mal, wenn er/sie die Sache zur Sprache bringt, wechsle ich das Thema.	Ich bin erleichtert, einem möglichen Konflikt aus dem Weg zgehen zu können.	Die Unzufriedenheit und der Konflikt werden immer festgefahrener und laufen Gefahr, sich zu verschlimmern.

Mein Beispiel:

Schwierige Situation	Vermeidungsreaktion	Kurzfristige Auswirkung	Langfristige Auswirkung

Nicht weglaufen, nicht kontrollieren – heißen Sie Ihre Gefühle willkommen!

Wenn wir vor unseren Gefühlen weglaufen oder gegen sie ankämpfen, trägt das langfristig dazu bei, unser Unbehagen zu verstärken. Als weitere Folge hindert es uns daran, aus unseren Gefühlen zu lernen, denn ein Lernprozess kommt nur dann in Gang, wenn wir beginnen, sie anzunehmen und uns mit ihnen vertraut zu machen. Unsere Emotionen zuzulassen ist ein Mittel, uns unserer Automatismen bewusst zu werden, um **21** in unserem Leben Freiräume zu schaffen. Diese Idee ist nicht neu, sie entstammt den überlieferten Weisheitslehren unserer Vorfahren und findet sich in zahlreichen Traditionen.

Neu daran ist jedoch die Tatsache, dass die heutige wissenschaftliche Forschung bestimmte Elemente dieser Weisheitslehren bestätigen und Verbindungslinien zwischen verschiedenen Traditionen herstellen kann. Der folgende Text von Rûmi veranschaulicht auf sehr poetische Weise, wie wichtig es ist, seine Gefühle willkommen zu heißen:

»Das Gasthaus«

Das menschliche Dasein ist ein Gasthaus.
Jeden Morgen ein neuer Gast.
Freude, Kummer und Niedertracht –
auch ein kurzer Moment der Einsicht
kommt als unverhoffter Besucher.
Begrüße und bewirte sie alle!
Selbst wenn es eine Schar von Sorgen ist,
die gewaltsam dein Haus
seiner Möbel beraubt,
selbst dann behandle jeden Gast ehrenvoll.
Vielleicht bereitet er dich vor
auf ganz neue Freuden.
Dem dunklen Gedanken, der Scham, der Bosheit –
begegne ihnen lachend an der Tür
und lade sie zu dir ein.
Sei dankbar für jeden, der kommt,
denn alle sind zu deiner Führung
geschickt worden aus einer anderen Welt.

Djalal ed-Din Rûmi

Gefühle wahrzunehmen und sie willkommen zu heißen ist auch ein wesentlicher Teil der Achtsamkeitspraxis, einer Methode, von der heutzutage viel die Rede ist. Diese Methode hat ihre Wurzeln im Buddhismus.

Unsere Gefühle akzeptieren

»Eine innere Situation, die man sich nicht bewusst gemacht hat, taucht außen als Schicksal auf.«
Carl Gustav Jung

Wenn das nächste Mal eine unangenehme Emotion oder Empfindung in Ihnen aufkeimt, machen Sie sich Ihre automatische Reaktion bewusst, sie tendenziell meiden oder kontrollieren zu wollen. Nehmen Sie sich im nächsten Schritt Zeit, Ihre Emotionen zu beobachten, zu akzeptieren und sie zu spüren, kurz: sie willkommen zu heißen.

Richten Sie Ihre Aufmerksamkeit darauf, was Sie im Inneren spüren, und beobachten Sie auch Ihre körperlichen Empfindungen. Versuchen Sie, die Empfindungen und Gefühle genauer zu bestimmen (»Ich spüre Anspannung in der Brust«, »Ich spüre, dass meine Kehle wie zugeschnürt ist«, »Ich empfinde Zorn, Enttäuschung ...«)

23

Lassen Sie sich einige Augenblicke Zeit, um die Auswirkungen des Gefühls zu beobachten. Lenken Sie dann Ihre Aufmerksamkeit auf den Atem. Versuchen Sie, der Luft, die in Ihrem Körper zirkuliert, in ihrem gesamten Umlauf zu folgen, vom Einatmen bis zum Ausatmen. Damit es Ihnen leichter fällt, aufmerksam bei Ihrem Atem zu bleiben, können Sie Ihre Atemzüge innerlich oder mit leiser Stimme zählen.

Übung:

Spielen Sie »Wer bin ich?« mit Ihren Gefühlen.

Hier eine weitere Übung, mit der Sie Ihre Gefühle besser wahrnehmen und sich mit ihnen vertraut machen können:
Rufen Sie sich eine Situation in Erinnerung, in der Sie ein bestimmtes Gefühl durchlebt haben, und fragen Sie sich:

Wenn mein Gefühl ein Tier wäre, dann wäre es …
Wenn mein Gefühl eine Farbe hätte, dann wäre es …
Wenn mein Gefühl eine Form hätte, dann wäre es …
Wenn mein Gefühl eine Beschaffenheit hätte,
    dann wäre es …
Wenn mein Gefühl einen Geruch hätte, dann wäre es …
Wenn mein Gefühl eine historische Person wäre,
    dann wäre es …
Wie intensiv ist es?

Zeichnen Sie Ihr Gefühl, indem Sie dabei »den Stift zeichnen lassen« — er ist es, der Ihre Hand führt.

Name des Gefühls: ....

Unsere Gefühle verstehen

Wir neigen dazu, unangenehme Gefühle als negativ zu betrachten. Natürlich können die Auswirkungen bestimmter Gefühle, mit denen wir nicht umgehen können, negative Konsequenzen für uns oder andere haben. Die Gefühle an sich sind jedoch allesamt nützlich: Sie informieren uns über unsere Umgebung. Über diese Funktion des Informierens verbindet uns das Gefühl mit unseren Bedürfnissen. Wie eine Pflanze zum Wachsen Wasser, Licht und Nährstoffe braucht, so haben auch wir - ebenso wie alle anderen Lebewesen - zahlreiche physiologische Grundbedürfnisse, zu denen insbesondere auf der psychischen Ebene weitere, differenziertere Bedürf- **25** nisse hinzukommen.

Unsere Gefühle geben uns hervorragende Hinweise darauf, was wichtig für uns ist. Wenn wir meinen, unsere Bedürfnisse seien befriedigt – oder auf dem besten Wege dazu –, sind unsere Gefühle angenehm. Haben wir dagegen den Eindruck, dass unsere Bedürfnisse zu kurz kommen, stellen sich negative Gefühle ein. Sich vor diesen Emotionen abzuschotten läuft daher darauf hinaus, dass man auch die hilfreichen Informationen nicht an sich heranlässt.

Auf Grundlage der Arbeiten des humanistischen Psychologen Maslow gelangte das Team der Université Catholique de Louvain in Belgien bei seinen Untersuchungen zu einer Einteilung der menschlichen Bedürfnisse in sechs Hauptkategorien. Von diesen Kategorien leiten sich zahlreiche weitere Bedürfnisse ab.

- *Sicherheit*: ein Gefühl der körperlichen, aber auch materiellen oder seelischen Sicherheit.

- *Stimulierung*: entweder körperliche (gutes Essen, ein guter Wein, physischer Kontakt) oder geistige (kreative Ideen, Lernen) Anregungen erfahren.

- *Emotionale/soziale Bedürfnisse*: Wir brauchen den Austausch mit anderen, Liebe, Freundschaft und Zugehörigkeit zu einer Gemeinschaft.

- *Wertschätzung/Anerkennung*: Für einen Menschen ist es wichtig, dass er das Gefühl hat, wertvoll zu sein, kompetent zu sein, in den Augen anderer zu existieren.

- **Autonomie:** Wir brauchen das Gefühl, selbst und für uns entscheiden zu können, eine gewisse Entscheidungsfreiheit zu haben.

- **Sinn/Kohärenzgefühl/Stimmigkeit:** Das Gefühl, dass das Leben stimmig ist und einen Sinn hat, ist für Menschen wichtig. Unser Bedürfnis nach Sinn hängt mit unseren Werten zusammen. Wir werden später noch einmal ausführlicher auf dieses Bedürfnis zu sprechen kommen.

Betrachten wir zum Beispiel ein Kind: Neben den grundlegenden Lebensbedürfnissen (trinken, essen, schlafen ...) nehmen die emotionalen und sozialen Bedürfnisse sehr schnell einen zentralen Platz in seinem Leben ein. Werden diese Bedürfnisse nicht ausreichend gestillt, kann dies die Entwicklung des Kinds entscheidend beeinflussen.

Übung: Ihre Bedürfnisse auf dem Siegerpodest

Tragen Sie Ihre Bedürfnisse — entsprechend der Bedeutung, die sie für Sie persönlich haben — in die Stufen ein.

27

Übung: Eines führt zum anderen

Ordnen Sie in der Zeichnung unten die Bedürfnisse den sieben Kategorien zu, auf die sie sich beziehen. Verwenden Sie für jedes Bedürfnis eine andere Farbe.

❶ Überleben **❷ Emotionale und soziale Bedürfnisse** **❸ Autonomie** **❹ Anregung, Kreativität**

❺ Sicherheit **❻ Wertschätzung** **❼ Sinn**

- -

Gleichgewicht   Entspannung   Aufmerksamkeit   Selbstbestätigung   Erfolg

Können/Beherrschung   Gegenseitigkeit   Loslassen

Ethik   Zuneigung   Verständnis   Selbsterkenntnis   Unabhängigkeit

Kontakt   Das Heilige   Intuition   Spiritualität   Sanftheit   Toleranz

Sinnhaftigkeit   Wachstum   Exzellenz   Rücksicht   Offenheit   Stille   Frieden

Respekt   Etwas beitragen   Schönheit/   Wärme

Träume   Ehrlichkeit   ästhetisches Empfinden   Verlässlichkeit

Zuwendung   Spontaneität   Vertrauen   Solidarität

Innovation   Raum   Handlung   Ausrichtung/   Kontinuität

Beständigkeit   Orientierung   Lebenszweck   Liebe

Schutz   Gerechtigkeit   Entwicklung   Selbstachtung   Gemeinsamkeit

Zugehörigkeit   Spiel   Selbstbewusstsein   Authentizität

Weisheit   Harmonie   Hoffnung   Sensibilität

Verwirklichung   Trost   Fairness   Ruhe   Freundlichkeit   Entscheidungs-

Selbstsicherheit   freiheit

Brüderlichkeit   Werte   Zuhören

Lernen   Seinen Platz kennen   Verbesserung

Fantasie   Freiheit   Aufrichtigkeit   Einheit   Zusammenarbeit

Orginalität   Neuheit   Verbundenheit   Menschlichkeit   Loyalität

Wertschätzung   Nähe   Anerkennung

Menschliche   Stabilität   Einsamkeit   Abenteuer   Autonomie

Wärme   Gesellschaft   Kompetenz   Feiern

Austausch   Heitere   Selbstwert-

Vertraulichkeit   Humour   Gelassenheit   gefühl

Verschiedenheit   Eintracht   Veränderung   Leistung

Teilhabe   Zärtlichkeit   Engagement   Kreativität/Kunst   Kommunikation

Präsenz   Großzügigkeit   Empathie   Intimität   Raum für sich selbst

Gleichberechtigung

28

Finden Sie heraus, welche Gefühle momentan in Ihrem Leben vorherrschen und welche Bedürfnisse damit verbunden sind. Suchen Sie drei angenehme und drei unangenehme Emotionen aus und machen Sie sich die damit verknüpften Bedürfnisse bewusst.

Emotion	Bedürfniss
Bsp.: Im Moment erlebe ich Zufriedenheit.	Das entspricht meinem Bedürfnis nach Gemeinsamkeit, nach Austausch.
1.	1.
2.	2.
3.	3.
Bsp.: Im Moment erlebe ich Zorn.	Das Bedürfnis, das unbefriedigt bleibt, ist das nach Achtung oder Autonomie.
1.	1.
2.	2.
3.	3.

Kümmern Sie sich um Ihre Bedürfnisse

Es ist unerlässlich, dass wir uns die Bedeutsamkeit unserer Gefühle bewusst machen. Nur auf dieser Grundlage können wir festlegen, was zu tun ist, um unsere Bedürfnisse zu befriedigen.

Indem wir uns Zeit dafür nehmen, unsere Emotionen zu entdecken und zu beobachten, gewinnen wir Abstand; so können wir unseren Bedürfnissen auf den Grund gehen und herausfinden, wie wir ihnen am ehesten gerecht werden.

EMOTION

Tragen Sie Ihre sechs wichtigsten Bedürfnisse in das Rad ein. Geben Sie für jedes der Bedürfnisse auf der Skala von 1 bis 10 an, wie zufrieden Sie mit dem sind, was Sie getan haben, um die Bedürfnisse zu befriedigen.

Ziehen Sie eine Linie zwischen den verschiedenen Punkten. Betrach-ten Sie Ihre Zeichnung: Um welche Bereiche Ihres Lebens könnten Sie sich mehr kümmern?

Beispiel: Meine wichtigsten Bedürfnisse sind gegenwärtig Sinn, Autonomie, Beziehungen, Anerkennung, Kreativität und Sicherheit.

Bei dem Bedürfnis „Sinn" vergebe ich 8 von 10 Punkten für meine Handlungen: In meinem Leben engagiere ich mich für gemeinnützige Zwecke, ich kümmere mich um mein Innenleben ... Diese Handlungen sind für mich sinnstiftend.

Für mein Bedürfnis nach Beziehungen vergebe ich dagegen 3 von 10 Punkten. Momentan arbeite ich ungeheuer viel und nehme mir nur sehr wenig Zeit, um Beziehungen zu pflegen, die mir wichtig sind.

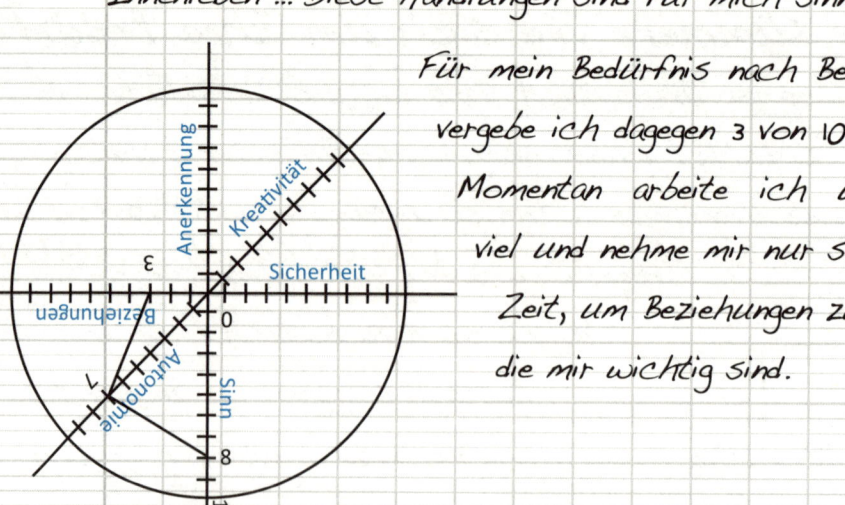

Verwechseln Sie nicht Bedürfnisse und Mittel

Sehr häufig verwechseln wir unsere grundlegenden Bedürfnisse (etwa Anerkennung) mit einem der Mittel, das Bedürfnis zu befriedigen (z.B. anerkennende Bemerkungen oder der Dank unserer Umgebung). Es ist interessant, zu sehen, welches Grundbedürfnis hinter unseren Wünschen steht. Brauchen wir tatsächlich immer das, was wir wollen?

Haben wir immer ein Verlangen nach dem, was wirklich unserem Bedürfnis entspricht?

Bedürfnisse gelten als grundlegend und relativ begrenzt, die Zahl der Mittel hingegen, mit denen jedem Bedürfnis entsprochen werden kann, ist potenziell unbegrenzt.

Eine gute Frage, die Sie sich stellen können, lautet: »Welches einfache, mir zugängliche und wirkungsvolle Mittel, das für mich und andere positiv ist, gibt es, um diesem Bedürfnis zu entsprechen?«

Bsp.: Mir ist es wichtig, für das, was ich tue, Anerkennung zu erhalten. Bei der Arbeit lobt mein Vorgesetzter mich jedoch nur selten. Ich habe mein Bedürfnis ihm gegenüber schon angesprochen, aber Loben entspricht nicht seinem Führungsstil und ist zudem auch nicht Teil der Unternehmenskultur. Was tun, damit es mir trotzdem gut geht? – Außer für meine berufliche Arbeit kann ich Anerkennung für andere Tätigkeiten oder in meinem Privatleben erhalten. Ich kann auch eine Sportart ausüben oder mich für eine Aktivität (Theater, Tanz) engagieren, die ich beherrsche, die mir Zufriedenheit verschafft und ...

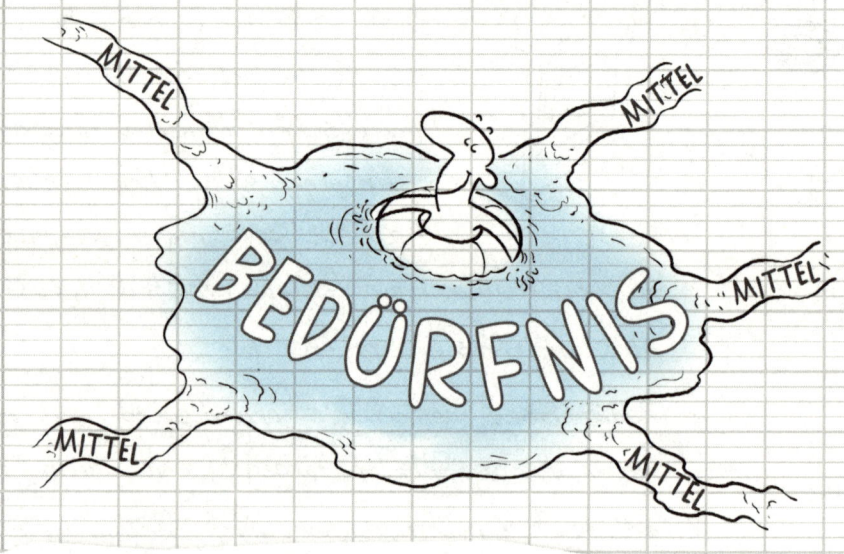

Übung: Mittel

... die das Bedürfnis nach Anerkennung erfüllen.

Versuchen Sie, so viele Mittel wie möglich zu finden, um folgenden Bedürfnissen gerecht zu werden:

Bedürfnis, meinem Leben einen Sinn zu verleihen

Mittel:...

Bedürfnis nach Beziehungen

Mittel:...

Bedürfnis nach Unabhängigkeit

Mittel:...

Werte

»Es kommt nie und nimmer darauf an, was wir vom Leben noch zu erwarten haben, vielmehr lediglich darauf: was das Leben von uns erwartet. Wir sollen nicht mehr einfach nach dem Sinn des Lebens fragen, sondern uns selbst als die Befragten erleben, als diejenigen, an die das Leben täglich und stündlich Fragen stellt.«

Dieses Zitat entstammt dem Buch **Trotzdem Ja zum Leben sagen** des Psychologen Viktor Frankl. Er berichtet darin von seinen Erfahrungen im Konzentrationslager und entwickelt den Gedanken von der großen Bedeutung des Sinns im menschlichen Dasein.

Unsere Gefühle teilen uns nicht nur etwas über unsere Grundbedürfnisse mit. Sie sagen auch etwas über unsere Werte aus. Diese »Lebensleitlinien« oder »Lebenswegweiser« verleihen unserem Dasein einen Sinn. Ein Wert ist weder ein Ziel noch eine Absicht. Es ist eine Orientierung, die unser Handeln leitet.

Einige Beispiele für Werte: Arbeit, Gerechtigkeit, Gleichberechtigung, Teilhabe, Solidarität ...

Wählen Sie auf der folgenden Seite drei Blattkronen des Baums aus, malen Sie sie farbig aus und schreiben Sie die drei Werte auf, die in Ihren Augen am wichtigsten sind.

Die eigenen Werte leben heißt, in seinem täglichen Verhalten das ausdrücken, was wirklich wichtig ist, und sich aktiv für das, was dem Leben Sinn verleiht, zu engagieren.

Wählen Sie eine konkrete Handlung aus, die einem Ihrer Werte entspricht. Versuchen Sie heute noch, die Handlung in die Realität umzusetzen.

Meine konkrete Handlung:

. . . .
. . . .
. . . .
. . . .
. . . .
. . . .

Übung: Unsere Werte jetzt leben

Stellen Sie sich vor, es sei Ihr letzter Tag auf Erden. Was würden Sie den Menschen, die Ihnen wichtig sind, sagen (wenn Sie keine Angst mehr hätten, verurteilt zu werden oder leiden zu müssen und sich Ihren Gefühlen öffnen würden …)?

HIER RUHT ~~sich aus~~

Übung: Schreiben Sie Ihre Grabinschrift.

Wenn Sie es sich aussuchen könnten, wie sollte dann die Inschrift auf Ihrem Grabstein lauten? An welche Ihrer Werte sollen die Menschen sich er-innern, wenn sie an Sie denken? Welche Botschaft sollen Ihre Freunde und Angehörigen im Gedächtnis behalten?

Schreiben Sie auf den Grab-stein. Konzentrieren Sie sich dabei auf das, was für Sie dem Leben am meisten Sinn verleiht.

Kümmern Sie sich um sich selbst – Aktivitäten, die Ihnen guttun

Befriedigte Bedürfnisse machen sich durch angenehme Gefühle bemerkbar. Sich regelmäßig etwas Gutes zu tun, ist ein hervorragender Weg, für sich Sorge zu tragen.

Dennoch widmen wir häufig ausgerechnet den Gedanken, Zuständen und Aktivitäten Zeit und Energie, die uns nicht guttun und uns in eine schwierige Lage bringen – sowohl bei der Arbeit als auch zu Hause. Wie viele Menschen kümmern sich erst dann sich um sich selbst oder um das, was für sie wirklich zählt, wenn sie krank sind, einen Unfall hatten oder eine Krise durchleben ...!

Warten Sie mit wohltuenden Aktivitäten nicht erst, bis Stress und unangenehme Gefühle Sie übermannen. Es ist nämlich sinnvoll, solche Aktivitäten regelmäßig und zwar auch dann, wenn es einem gut geht, auszuüben.

Übung:

Erstellen Sie eine Liste Ihrer Aktivitäten an einem typischen Tag. Welche Aktivitäten rauben Ihnen Energie? Welche geben Ihnen Energie?
Tragen Sie auf der linken Seite des Hefts auf Seite 37 die Aktivitäten ein, die Ihnen Energie verleihen, und auf der rechten Seite diejenigen, die von Ihrer Energie zehren. Sie können auch durch Plus- und Minuszeichen die Energiemenge, die mit einer bestimmten Aktivität verknüpft ist, von +3 bis −3 angeben.

Ermitteln Sie anschließend Ihr Gesamtergebnis. Ist es positiv?

Den Punktestand verbessern

Um Ihr Ergebnis zu verbessern, stellen Sie sich folgende Fragen:

- Welchen von den energieraubenden Aktivitäten könnte ich weniger Platz in meinem Leben einräumen?

- Und die Aktivitäten, die ich in meinem Leben nicht weglassen kann (Fahrten, Mahlzeiten, Haushalt ...): Wie könnte ich sie angenehmer, »nährender« gestalten?

Wir sind nicht unsere Gedanken

Wir Menschen sind fortwährend dabei, zu denken - häufig ohne dass wir uns dessen bewusst sind. Wir vergleichen, treffen Vorhersagen, beurteilen und erklären unablässig. Dass wir so funktionieren, hängt mit dem Warn- und Schutzsystem zusammen, das uns unsere Vorfahren vererbt haben. Damals und im weiteren Verlauf der Evolution war es stets entscheidend, einschätzen, vergleichen und vorhersagen zu können, um Bedrohungen auszumachen und sich für die Option zu entscheiden, die am besten das Überleben gewährleistete.

Noch heute, in unserer komplexen Welt, ist Denken unerlässlich. Das Problem liegt überdies nicht in unseren Gedanken, sondern in der Beziehung, die wir zu ihnen haben.

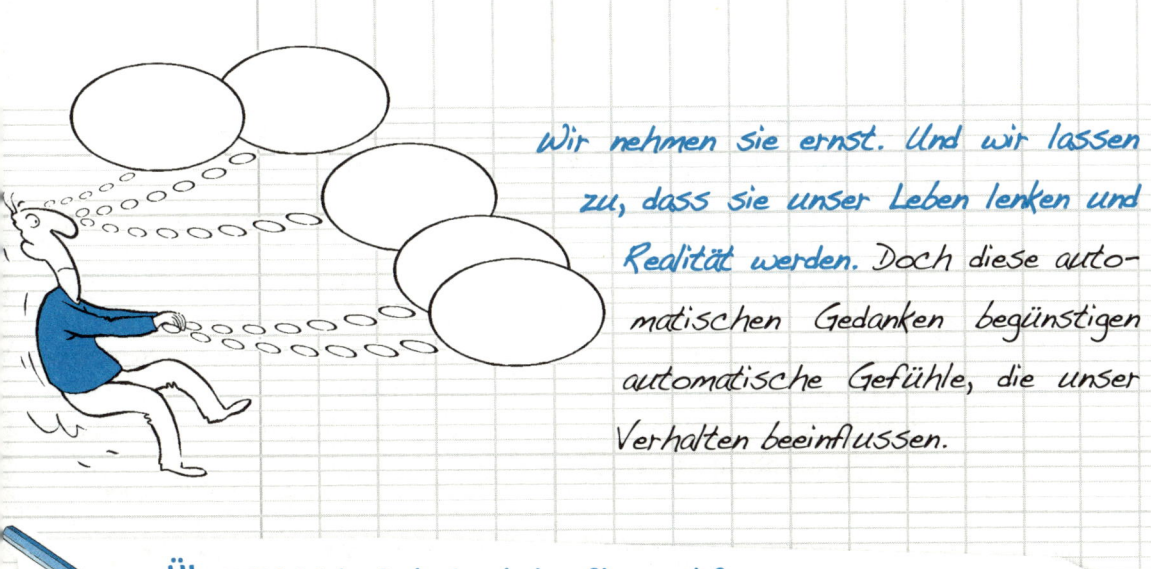

Wir nehmen sie ernst. Und wir lassen zu, dass sie unser Leben lenken und Realität werden. Doch diese automatischen Gedanken begünstigen automatische Gefühle, die unser Verhalten beeinflussen.

Übung: Welche Gedanken haben Sie gerade?

Halten Sie einen Augenblick inne und tragen Sie in die Denkblasen unten alle Gedanken ein, die Ihnen momentan durch den Kopf gehen — so, wie sie kommen.

39

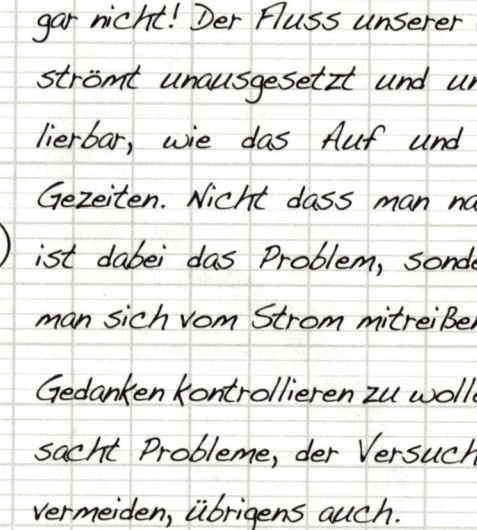

Übung: Versuchen Sie, drei Minuten lang an nichts zu denken. Verscheuchen Sie die Gedanken, sobald sie aufkommen.

Wie hat diese Übung geklappt? Geben Sie eine Note von 1 bis 5: ...

Konzentrieren Sie sich noch einmal und versuchen Sie, nicht an einen roten Elefanten zu denken. Konzentrieren Sie sich zwei Minuten lang.

Haben Sie während dieser Übung an einen roten Elefanten gedacht? ....

Nun haben Sie es selbst herausgefunden: Es ist unmöglich, seine Gedanken zu kontrollieren – und darum geht es auch gar nicht! Der Fluss unserer Gedanken strömt unausgesetzt und unkontrollierbar, wie das Auf und Ab der Gezeiten. Nicht dass man nass wird, ist dabei das Problem, sondern dass man sich vom Strom mitreißen lässt!

Gedanken kontrollieren zu wollen verursacht Probleme, der Versuch, sie zu vermeiden, übrigens auch.

Der Schlüssel liegt darin, sich nicht von seinen Gedanken beherrschen zu lassen, sie also als Gedanken anzusehen und nicht als real.

Übung:

Halten Sie einen Augenblick inne und tragen Sie in die Wolken jene Gedanken ein, die Ihren Himmel durchqueren. Beobachten Sie sie, ohne ihnen zu folgen. Die Gedanken sind nicht der Himmel, sie ziehen vorüber, füllen den Raum und verschwinden wieder …

Übung: Ich habe den Gedanken, dass …

Ein anderes Mittel, uns von unseren Gedanken »abzulösen« besteht darin, wahrzunehmen, dass es Gedanken sind, und sich dies zu sagen.

Beispiel: Vor einer wichtigen Sitzung stehe ich unter Stress. Wenn ich mich mit meinen Gedanken identifiziere, denke ich automatisch, dass die Sitzung schlecht verlaufen wird, dass ich mit der Zeit nicht auskommen werde oder dass mein Kollege X das Gespräch dominieren wird.

Die Übung, die anfangs vielleicht künstlich oder etwas langweilig erscheinen mag, besteht nun darin, sich zu sagen und zu merken: »ICH HABE DEN GEDANKEN, dass die Sitzung schlecht verlaufen wird«, »ICH HABE DEN GEDANKEN, dass X zur Unzeit das Wort ergreifen wird.«

Wie alle Fähigkeiten, die wir uns aneignen müssen, so erfordert auch das Sichlösen von seinen Gedanken Zeit und Übung.

Nehmen Sie eine Situation, in der Sie störende Gedanken haben, und machen Sie die Übung. Wie ändert sich Ihr Zustand?

Sie werden zwar nicht sofort beim ersten Versuch ein spektakuläres Ergebnis erzielen, doch mit der Zeit können Sie lernen, sich einen Freiraum in Bezug auf Ihre Gedanken zu schaffen, sodass diese nicht automatisch Ihren Zustand bestimmen.

Kehren Sie in die Gegenwart zurück

Die meiste Zeit, besonders jedoch in schwierigen Momenten, reißen unsere Gedanken uns mit sich fort. Vergangene Situationen - angenehme und unangenehme - kommen uns in den Sinn. Dann wieder machen wir Zukunftspläne. Für unser Wohlbefinden und den Erfolg unserer Vorhaben ist es jedoch das beste Mittel, zur Gegenwart zurückzukehren. Das gilt umso mehr, als wir dadurch, dass wir ohne zu urteilen gegenwärtig sind, auf umfassendere Weise Zugang zu unserer jeweiligen Erfahrung erhalten - ohne Scheuklappen und Barrieren.

Nehmen Sie Ihre Körperempfindungen wahr:

Verbinden Sie sich mit Ihren körperlichen Empfindungen. Beginnen Sie bei den Fußspitzen und durchlaufen Sie den ganzen Körper. Malen Sie die nebenstehende Figur farbig aus und nehmen Sie verschiedene Farben für jede Empfindung.

Angespannt: (Farbe)

Entspannt:

Angenehm:

Schmerzhaft:

Schwer:

Leicht:

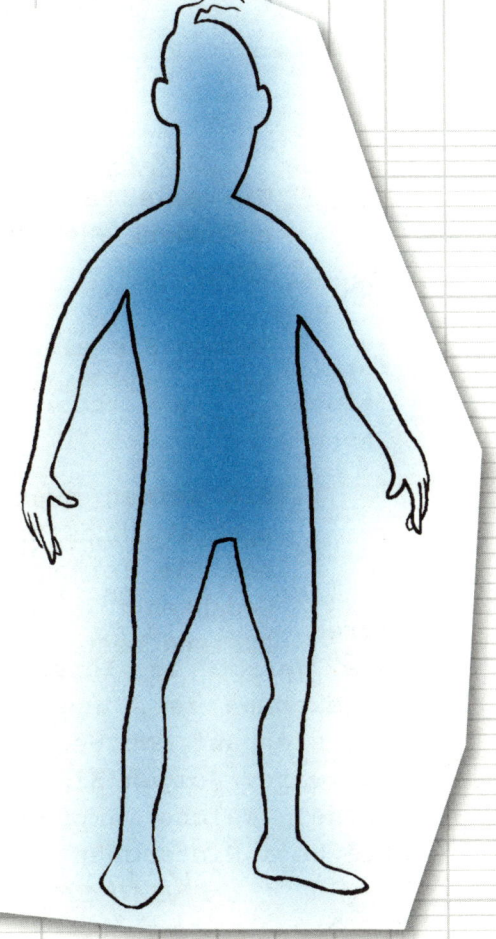

Kehren Sie durch Konzentration auf Ihren Atem zur Gegenwart zurück

Sich auf den Atem zu konzentrieren ist eines der besten Mittel, zum gegenwärtigen Moment zurückzukehren. Unsere Art zu atmen ändert sich mit unserer Gemütslage: Wir atmen tief oder abgehackt, langsam oder kurzatmig, je nachdem, was wir gerade erleben. Das Ein- und Ausströmen der Luft in unseren Körper ist das, was uns am Leben hält. Wir sind uns jedoch nur selten dessen bewusst, es sei denn, wir machen

43

die Erfahrung, dass wir keine Luft mehr bekommen (beengter Raum, Schwimmbad, Krankheit ...).

Markieren Sie auf der nebenstehenden Zeichnung, in welchen Körperteilen Sie Ihren Atem spüren.

Stellen Sie sich jetzt vor, Sie wären eine kleine Sauerstoffblase, die gerade in Ihren Nasenflügeln angekommen ist, und konzentrieren Sie sich auf den Weg, den sie nehmen wird. Folgen Sie ihr auf ihrer Reise! Welche Empfindungen haben Sie beim Eintauchen in die Nase?

Nehmen Sie anschließend bewusst die Empfindungen in Ihrem Bauch wahr, wenn die Luft in den Körper einströmt und wieder austritt. Legen Sie nun eine Hand auf Ihren Bauch und spüren Sie, wie sich Ihr Körper beim Ein- und Ausatmen bewegt.

44

Nehmen Sie insgesamt alle körperlichen Empfindungen bewusst wahr, die während des Atmens aufkommen.

Schon sehr schnell werden Gedanken Sie weit von Ihrem »Lebenshauch« — dem Atem — forttragen. Sobald Sie dies merken, bringen Sie Ihre Aufmerksamkeit sanft wieder zurück zum Atem, ohne sich jedoch wegen dieses Ausreißens zu tadeln.

Das Ziel ist weder den Atem zu kontrollieren noch ihn tiefer oder flacher zu machen, sondern der Sinn ist, dass Sie sich wieder mit der Erfahrung des gegenwärtigen Moments verbinden.

Stellen Sie sich auf Grundlage der bisherigen Übungen regelmäßig folgende Fragen:

- Handle ich in einer schwierigen Lebenssituation so, dass ich meine negativen Gefühle und Gedanken MEIDE, oder GEHE ich auf meine Bedürfnisse und Werte ZU?
- Wie wirkt sich das Vermeiden langfristig aus?
- Wie könnte ich Raum schaffen für das, was ich erlebe und empfinde?
- Welches Verhalten könnte mich meinen Bedürfnissen und Werten näherbringen?

Angenehme (oder positive) Gefühle

Wir haben gesehen: Gut mit den eigenen Emotionen zu leben ist nicht gleichbedeutend damit, ausschließlich angenehme Gefühle zu haben. Ein ausgewogener Umgang mit unseren Gefühlen erfordert die Fähigkeit, schwierige, unangenehme Emotionen anzunehmen, sie zu verstehen und sich mit dem gegenwärtigen Moment zu verbinden. Dadurch, dass wir besser verstehen, was in unserem Inneren vor sich geht, wenn es in Aufruhr ist, und dadurch, dass wir unsere automatischen Verhaltensweisen bewusst wahrnehmen, können wir mehr Raum für angenehme Gefühle schaffen. Diese angenehmen Gefühle können so in vollem Umfang ihre positive Wirkung auf unser Leben ausüben.

Seit einigen Jahren beschäftigt sich der Forschungsansatz der sogenannten Positiven Psychologie bzw. der Glücksforschung mit den Voraussetzungen für die Selbstverwirklichung von Individuen und Gruppen. Bis dahin waren angenehme Gefühle kaum oder nur über ihren Bezug zu einem krankhaften Zustand untersucht worden: als Zeichen der Erholung, als Wirkung einer medikamentösen Behandlung …

Im Zuge dieser Forschung wurde in zahlreichen Experimenten die Wirkung der sogenannten positiven Emotionen untersucht. Die amerikanische Psychologin Barbara Fredrickson hat insbesondere aufgezeigt, dass die sogenannten positiven Emotionen unsere Aufmerksamkeit erweitern und uns zusätzliche Ressourcen (im Hinblick auf Gesundheit, Kreativität, soziale Unterstützung ...) zugänglich machen.

Dankbarkeit

Im Deutschen gibt es kein spezielles Wort für »jemanden, der Dankbarkeit praktiziert« - Zufall, oder ein weiteres Zeichen für unsere Neigung, uns eher auf die negativen Aspekte des Daseins zu konzentrieren?

Wie kann man dieses Gefühl der Dankbarkeit definieren, das bei der breiten Masse noch kaum bekannt ist, aber von Wissenschaftlern der Positiven Psychologie und der Glücksforschung intensiv untersucht wird?

Dankbarkeit ist die Emotion, durch die wir das Leben, so, wie es heute ist, wertschätzen können. Sie versetzt uns außerdem in die Lage, dem zu danken, das diesen für uns erfreulichen Zustand verursacht hat.

Die amerikanischen Psychologen Emmons und McCullough haben gezeigt, dass Menschen, die viel Dankbarkeit empfinden, im Schnitt glücklicher, optimistischer, weniger materia- **47** listisch und uneigennütziger sind als andere Menschen. Dankbarkeit zu praktizieren wirkt sich offenbar auch positiv auf die Gesundheit aus.

Übung: Schreiben Sie einen Dankesbrief.

Denken Sie an eine Person, an der Ihnen besonders viel liegt und/oder an jemanden, der einen positiven Einfluss auf Ihr Leben hatte (Freund, Lehrerin, Partner, Elternteil …).

Denken Sie darüber nach, wie wichtig diese Beziehung im Hinblick auf Sinnhaftigkeit, schöne Momente, Dinge, die Sie gelernt haben, war. Welche Erinnerungen verbinden Sie damit? Welche besonderen Elemente bringen Sie mit dieser Person in Zusammenhang?

Stellen Sie sich vor, Sie würden diesem Menschen einen Brief schreiben, um ihm alles zu sagen, was in Ihren Augen wichtig ist.

Mein Dankesbrief

Liebe(r)

Übung: Freuen Sie sich über kleine, alltägliche Momente des Lebens.

Ein weiteres Mittel, seinen inneren Garten zu pflegen, besteht darin, sich Zeit zu nehmen, die kleinen Dinge des Lebens zu genießen. Welche 5 Dinge in Ihrem Leben könnten Sie von jetzt an mehr genießen? Tragen Sie die Dinge, die Sie in den nächsten zehn Tagen voll genießen wollen, in die Lupen ein.

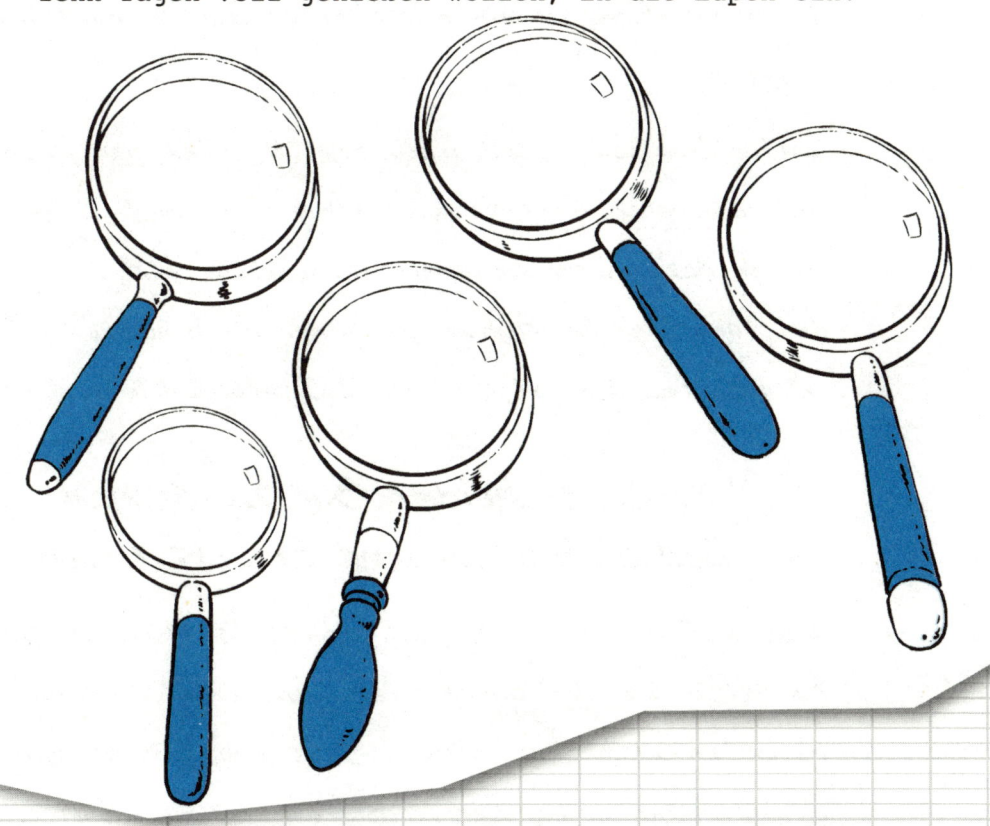

Der Tango der Gefühle

Die Frage der Gefühle in Beziehungen ist grundlegend:
Der Mensch ist vor allem ein soziales Wesen.

49

Sei es in unserem Privatleben oder im Beruf: Wir stehen ständig in Beziehung zu anderen Menschen. Es ist eine fundamentale Dimension unserer Existenz. Austausch

Emotion und Zuneigung gehören zu unseren Grundbedürfnissen. Wir leben durch die Beziehung zu anderen, und aus dieser Beziehung zu anderen schöpft unser Dasein teilweise seinen Sinn.

Im ersten Teil dieses Übungshefts haben wir uns auf unsere eigenen Gefühle konzentriert, die sich stark auf unsere Beziehungen zu anderen auswirken. Jetzt werden wir den Tango der Emotionen lernen, der noch einmal auf alle Schritte Bezug nimmt, die wir als „Individuum" erlernt haben.

Unterscheiden Sie zwischen Bedürfnissen und Erwartungen

Jeder von uns ist einzigartig, anders als Milliarden anderer Menschen auf der ganzen Welt. Andererseits ähneln sich Menschen auch sehr in ihren Reaktionen, Einstellungen und Gewohnheiten ... So sehr, dass wir häufig entsprechende Erwartungen an andere haben und sie so behandeln, als funktionierten sie genauso wie wir und wüssten genau, was in uns vorgeht.

Wir neigen dazu, von anderen ein bestimmtes Verhalten zu erwarten, statt unsere Bedürfnisse klar zu äußern - was zwangsläufig Verwirrung und zahlreiche Spannungen hervorruft. Unseren

Ansprüchen und Erwartungen (z. B., er/sie solle abends nicht mehr ausgehen) liegt stets unterschwellig ein Bedürfnis oder mehrere zugrunde (z. B. das Bedürfnis, sich wertgeschätzt, anerkannt zu fühlen). Unsere Erwartungen sind lediglich Mittel, um dieses Bedürfnis zu befriedigen. Äußern wir hingegen unsere Bedürfnisse, hat der andere die Wahl, auf das, was uns wichtig ist, so zu reagieren, wie es ihm am besten passt.

Fassen Sie in der linken Spalte kurz eine Situation zusammen, in der Sie Erwartungen oder Ansprüche hatten, und fragen Sie sich: »Wenn er/sie … täte, dann würde dies bedeuten, dass …/dann brächte mir das …«. Tragen Sie das Bedürfnis in der rechten Spalte ein.

Ansprüche/Erwartungen	Bedürfnis(se)

Regelmäßige Übung:
Erstellen Sie eine Liste Ihrer Erwartungen.
Mit welchen Bedürfnissen hängen diese Erwartungen zusammen?
Äußern Sie Ihr Bedürfnis klar (z.B.: »Für mich ist es wichtig, dass …«).
Überlegen Sie, wie Sie offen für die Antwort(en) der anderen sein können.

Stürmische Gefühle

Meinungsverschiedenheiten gehören zum Leben – eine Konsequenz daraus, dass wir alle unterschiedlich auf die Situationen des Lebens reagieren. Was zählt, ist jedoch weniger der Konflikt, als vielmehr die Art, wie wir mit ihm umgehen. Bei einem Konflikt geben wir häufig anderen die Verantwortung für unsere Gefühle und Bedürfnisse – und umgekehrt. Urteile, Interpretationen und Missverständnisse führen dazu, dass die Parteien aufeinanderprallen und in die Defensive gehen, und enden im Allgemeinen geradewegs in der Eskalation.

Echte Kommunikation eröffnet dagegen die Möglichkeit, die Verantwortung für seine eigenen Gefühle und Bedürfnisse zu übernehmen. Oft können wir dadurch aus der Sackgasse entkommen, falls es uns nicht gelungen ist, gar nicht erst hineinzugeraten.

Übung: Gefühle verantwortungsvoll ausdrücken

Wandeln Sie Aussagen, die ein Urteil enthalten, in verantwortungsvolle Aussagen um.

Du sorgst dafür, dass ich mich schlecht fühle.
⇒ Ich ....

Warum bist du immer darauf aus, mich zu ärgern?
⇒ Ich ....

Du bist wirklich zu streng und unnachgiebig!
⇒ Ich ....

Du merkst gar nicht, was du mir antust! ⇒ Ich ....

Eine Methode, die uns wirksam hilft, unsere Gefühle auszudrücken, ist, mit unseren körperlichen Empfindungen in Kontakt zu treten. Dadurch, dass wir uns mit unserem Körper verbinden, können wir zwischen der Erfahrung, die uns unsere Sinne vermitteln, und den Urteilen und Kommentaren, die mit dem Verhalten oder den Äußerungen unseres Gegenübers zusammenhängen, unterscheiden.

Emotion

Bedürfnis

Lösung

Wie ein afrikanisches Sprichwort sagt: »Vergiss nicht: Wenn du mit dem Finger auf jemanden zeigst, dann weisen dabei drei deiner Finger auf dich selbst.«

Zu einer authentischeren Kommunikation gelangt man in vier Phasen. In der ersten stellen Sie die Situation, aus der sich das Problem ergibt, so objektiv wie möglich dar, indem Sie wie ein unbeteiligter Erzähler über die Fakten sprechen. Anschließend beschreiben Sie das Gefühlte und sprechen dabei über sich, ohne den anderen zu beschuldigen; so wie Sie es gerade geübt haben. In der dritten Phase beschreiben Sie Ihre Bedürfnisse – nicht die Lösungen, die Sie vom anderen **53** erwarten. Schließlich, in der letzten Verhandlungsphase, erkunden Sie beide gemeinsam, was der andere zu tun bereit ist, um sich Ihren Bedürfnissen anzunähern.

Beschreiben Sie Ihre Situation, Ihr Gefühl, Ihr Bedürfnis
und Ihre Lösung auf den Windmühlenflügeln.

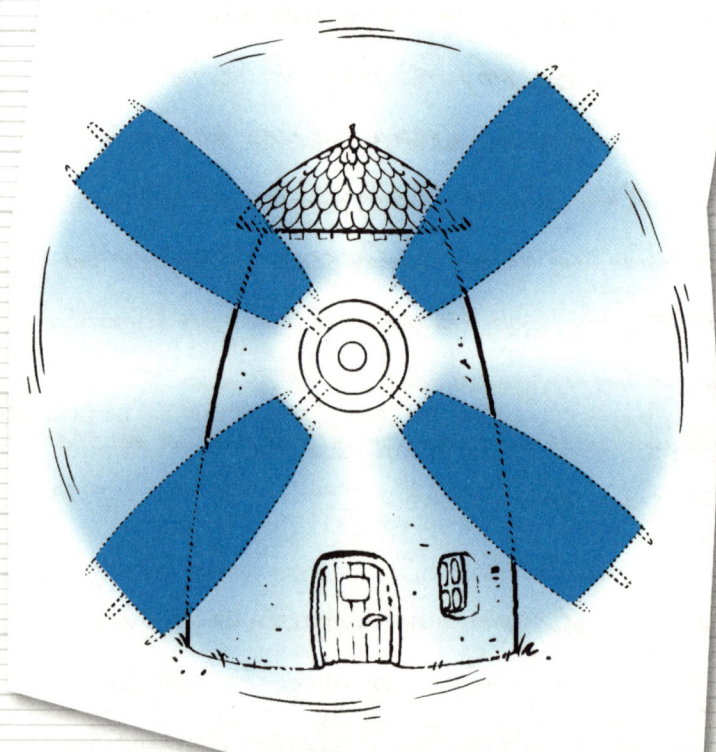

Durch das unverfälschte Ausdrücken unserer Emotionen und Bedürfnisse können wir unsere Beziehungen besser pflegen. Das ist jedoch nur die Hälfte des Lernprozesses. Die andere Hälfte hängt mit unserer Fähigkeit zusammen, uns auf die Gefühle und Bedürfnisse des anderen einzulassen. Einfühlsames Zuhören ist ein sehr gutes Mittel, sich anderen zu öffnen und harmonischere Beziehungen zu schaffen. Unter Empathie versteht man die Fähigkeit, sich in jemandes Lage hineinzuversetzen, sich vorzustellen, was die betreffende Person fühlt oder denkt. Natürlich stellen wir in einem Konflikt unsere eigenen Schwierigkeiten in den Mittelpunkt und meinen, der/die andere sei verantwortlich. Doch für den anderen sind wir ebenfalls »der/die andere«, und nicht selten ist unser Gegenüber genauso traurig, verletzt und wütend wie wir selbst.

Übersetzen Sie schlechte Laune in das Äußern von Gefühlen und Bedürfnissen

Wenn wir uns Menschen gegenübersehen, die mit schwierigen Gefühle zurechtkommen müssen und nicht wissen, wie sie ihnen angemessen Ausdruck verleihen können, dann können wir uns entscheiden: Entweder wir reagieren auf das, was wir als einen Angriff betrachten, oder wir versuchen zu verstehen, was der andere fühlt.

Denken Sie an eine Situation oder jemanden aus Ihrem Umfeld, der unfreundlich war.

- Welches Gefühl empfand die betreffende Person Ihrer Einschätzung nach?

- Welche Bedürfnisse hatte sie?

- Wie könnten Sie ihr zeigen, dass Sie für ihre Emotionen und Bedürfnisse da waren?

Bsp.: Eine Freundin hat sich zurückgezogen, seit Sie eine neue Beziehung eingegangen sind. Bei einer Begegnung vor Kurzem hat sie Sie beschuldigt, egoistisch, kalt und kaum für andere da zu sein …

Als automatische Reaktion könnten Sie sich zunächst angegriffen fühlen, ihr erwidern, sie sei ja nur eifersüchtig, und ihr damit drohen, sie nicht mehr sehen zu wollen.

Stellen wir uns stattdessen vor, das Gespräch basiere darauf, dass Sie ein offenes Ohr für die Gefühle und/oder Bedürfnisse der Freundin haben:

»Fühlst du dich nicht wohl damit, wie unsere Beziehung momentan ist?«

«Hast du den Eindruck, dass ich weniger Zeit für dich habe als vorher?«

«Wäre es dir lieber, dass ich dir mehr zeige, wie wichtig du mir bist?«

»Möchtest du, dass ich mehr für dich da bin?«

»Hättest du Lust, dass nur wir beide einmal ein Wochenende zusammen verbringen, dass wir im Wald spazieren gehen oder uns eine Massage gönnen?«

Übung: Den anderen wie ein Kunstwerk betrachten

Rufen Sie sich eine Situation ins Gedächtnis, in der Sie einen Streit mit einem nahestehenden Menschen hatten. Sie sind also in eine Diskussion verwickelt, die Spannungen und Verärgerung in Ihnen hervorruft.
Für jeden Satz Ihres Gegenübers halten Sie eine Antwort, ein neues Argument in petto. Sie hören die Sätze, interpretieren die Absichten … Sie sind auf der Wortebene, nicht auf der Beziehungsebene.

Sie betrachten Ihr Gegenüber weniger als Mensch, sondern eher als ein Problem, das gelöst werden muss: Recht haben. Haben Sie schon einmal das Gefühl gehabt, ein „Problem" zu sein, das jemand regeln muss? Ein unangenehmes Problem, das zu Spannungen führt, das nervtötend ist. Ist das angenehm?

Zeichnen Sie unten zwischen die beiden Personen, wie eine solche Beziehung aussieht.

Stellen Sie sich in einer solchen Situation vor, mitten in der Diskussion. Sie würden aufhören, das Problem zu lösen, dass »jemand nicht mit mir einverstanden ist«, und beginnen, wirklich diesen Menschen zu betrachten, der seine Meinung äußert und Argumente zur Verteidigung dieser Meinung sucht, der ebenso wie Sie zugunsten dieser Idee die Beziehung zwischen Ihnen beiseitegelassen hat. Beobachten Sie einige Augenblicke Ihren Atem, den Ihres Gesprächspartners, sein Gesicht, seine Energie … wie ein sehr schönes Bild. Schicken Sie dem Betreffenden dann aus tiefstem Herzen Mitgefühl, denn noch vor wenigen Sekunden waren Sie an seiner Stelle.

Positive Emotionen und Beziehungen: Teilen Sie Ihre positiven Gefühle mit anderen

Für die meisten von uns liegt es nicht auf der Hand, dass eine lange Beziehung mit Harmonie und Entfaltung einhergeht. Eines der auffälligsten Beispiele ist die Paarbeziehung. Die Glücksforschung bzw. die Positive Psychologie interessiert sich seit mehreren Jahren für gut

58

funktionierende Paarbeziehungen, um besser zu verstehen, welches Geheimnis dahintersteckt.

Die Untersuchungen des amerikanischen Psychologen John Gottman und seines Teams, durchgeführt auf der Grundlage zahlreicher gefilmter Gespräche, haben erwiesen, dass anhand bestimmter Faktoren ziemlich genau vorhergesagt werden kann, wie hoch die Wahrscheinlichkeit ist, dass die befragten Paare unzufrieden sind und sich trennen.

Entgegen den Erwartungen ist nicht die Anzahl oder Häufigkeit von Konflikten der beste Anhaltspunkt dafür, ob eine Beziehung scheitern wird oder nicht. Den Wissenschaftlern zufolge liegt der Schlüssel eher im Verhältnis der positiven und negativen Interaktionen: Eine ganze Reihe von positiven Interaktionen ist erforderlich, um eine negative Interaktion auszugleichen.

Ein Verhältnis von 3:1 scheint die Untergrenze zu sein, die mindestens gegeben sein muss, damit Beziehungen gut gelingen. Es ist demzufolge notwendig, Beziehungen so zu pflegen, dass man für jede negative Interaktion mindestens drei positive Interaktionen erlebt. Nichts spricht allerdings dagegen, diese Zahl noch zu übertreffen!

59

Übung: Probieren Sie die »aktiv-konstruktive« Haltung aus.

Beim nächsten Mal, wenn jemand eine gute Nachricht für Sie hat, versuchen Sie es einmal mit dieser Einstellung – sie ist am günstigsten, um die Wirkung zu verstärken und die Beziehung zu pflegen:

1. Hören Sie der Person, die Ihnen von dem positiven Ereignis berichtet, aktiv und einfühlsam zu.
2. Zeigen Sie aufrichtig Ihre Freude und Begeisterung.
3. Stellen Sie zwei konstruktive Fragen zu diesem Ereignis (»Wie hast du dich in dem Moment gefühlt?«, »Wie genau ist das denn passiert?«).
4. Bringen Sie die Begebenheit in einem späteren Gespräch erneut zur Sprache, um die positive Wirkung des Geschehnisses zeitlich auszudehnen.

Mit dieser Haltung können Sie arbeiten, wenn Sie normalerweise dazu gleichgültig reagieren oder in der positiven Nachricht problematische Gegebenheiten hervorheben würden.

Übung: Nennen Sie Beispiele für negative Interaktionen und gleichen Sie sie durch positive Interaktionen aus.

. . . .
. . . .
. . . .
. . . .
. . . .
. . . .
. . . .
. . . .

60

Gefühle ohne Grenzen: Setzen Sie Ihr gesteigertes Wohlbefinden zum Nutzen anderer ein

Uneigennützigkeit und Freundlichkeit

Außer Dankbarkeit sind Uneigennützigkeit und Freundlichkeit weitere Mittel, um positive Gefühle zu entwickeln und Gutes zu tun - sich selbst ebenso wie anderen.

Forschungen haben ergeben: Freundlichkeit bewirkt nicht nur, dass wir uns anderen zuwenden, sondern sie macht uns auch glücklicher, weniger depressiv und gestresst. Üben Sie, im kommenden Monat mindestens eine freundliche Geste pro Tag auszuführen. Das kann etwas ganz Einfaches sein, wie jemandem die Tür aufhalten, Ihren Platz im Bus abtreten, jemandem ein Lächeln schenken ...

Notieren Sie hier drei Situationen, in denen Sie anderen gegenüber freundlich oder hilfsbereit waren:

1) ....

2) ....

3) ....

61

Eine Idee, wie Sie mit Ihrer Freundlichkeit die Welt jeden Tag heller machen können: Tragen Sie eine Geste pro Sonnenstrahl ein.

Führen Sie im nächsten Monat Buch über Ihre Freundlichkeit. Die Einträge noch einmal zu lesen wird Sie im Monat danach noch glücklicher machen!

Mittwoch: ....

Dienstag: ....

Donnerstag: ....

Freitag: ....

Montag: ....

Samstag: ....

Sonntag: ....

Zum Schluss

Sie sind nun am Ende der Reise ins abenteuerliche Land unserer Emotionen angelangt. Besser leben mit Ihren Gefühlen heißt, sich Zeit zu nehmen, Ihre Gemütszustände kennenzulernen und sie willkommen zu heißen, statt zu versuchen, ihnen aus dem Weg zu gehen oder sie zu kontrollieren. Wie der Dichter Khalil Gibran es im folgenden Gedicht ausdrückt: Dadurch, dass wir den Winter von Herzen willkommen heißen, können wir den Frühling vorbereiten.

»Im Herbst sammelte ich alle meine Sorgen und vergrub sie in meinem Garten. Und als der April wiederkehrte und der Frühling kam, die Erde zu heiraten, da wuchsen in meinem Garten schöne Blumen, nicht zu vergleichen mit allen anderen Blumen.«

Auf die Botschaften unseres Innenlebens hören, für uns selbst Sorge tragen, im Einklang mit unseren Werten leben und uneigennützig sein: Das sind einige Ansätze, wie wir besser mit unseren Gefühlen leben können. Solch eine Lebensweise ist auch ein Weg, harmonischer mit der Welt, die uns umgibt, verbunden zu sein.

Bibliografie/Literaturempfehlungen

Goleman, Daniel: *EQ — Emotionale Intelligenz.* Deutscher Taschenbuch Verlag, München 1997.
Kabat-Zinn, Jon: *Im Alltag Ruhe finden. Meditationen für ein gelassenes Leben.* Knaur, München 2010.
Kotsou, Ilios: *Das kleine Übungsheft — Achtsamkeit.* Trinity, München 2013
Quoidbach, Jordi: *Glückliche Menschen leben länger.* Spektrum Akademischer Verlag, Heidelberg 2012.
Ricard, Matthieu: *Glück.* Nymphenburger, München 2007.
Rosenberg, Marshall B.: *Gewaltfreie Kommunikation. Eine Sprache des Lebens.* Junfermann, Paderborn 2007.
Thich Nhat Hanh: *Jeden Augenblick genießen. Übungen zur Achtsamkeit.* Theseus, Bielefeld 2011.

DAS KLEINE
ÜBUNGSHEFT

Willkommen in der
Bibliothek der guten Gefühle

**Entdecken Sie viele weitere Themen
aus der charmanten Bestseller-Reihe.**

Abonnieren Sie unseren Newsletter und erhalten
Sie die aktuellsten Informationen aus den Bereichen
Lebenskunst, persönliche Entwicklung, Erfolg
und Sexualität.

Einmal pro Woche stellen wir Ihnen eines der **kleinen
Übungshefte** mit einer Übung der Woche genauer vor.

Alle Hefte können Sie — innerhalb Deutschlands
versandkostenfrei — direkt auf der Website bestellen.

www.die-kleinen-uebungshefte.de

TRINITY